BEI GRIN MACHT SICH IHR WISSEN BEZAHLT

- Wir veröffentlichen Ihre Hausarbeit,
  Bachelor- und Masterarbeit

- Ihr eigenes eBook und Buch -
  weltweit in allen wichtigen Shops

- Verdienen Sie an jedem Verkauf

Jetzt bei www.GRIN.com hochladen und kostenlos publizieren

Gebhard Deißler

Die Erfordernis einer charismatischen kulturellen Erneuerung

GRIN Verlag

Bibliografische Information der Deutschen Nationalbibliothek:

Die Deutsche Bibliothek verzeichnet diese Publikation in der Deutschen National-bibliografie; detaillierte bibliografische Daten sind im Internet über http://dnb.d-nb.de/ abrufbar.

Impressum:

Copyright © 2012 GRIN Verlag GmbH
Druck und Bindung: Books on Demand GmbH, Norderstedt Germany
ISBN: 978-3-656-56629-8

Dieses Buch bei GRIN:

http://www.grin.com/de/e-book/207217/die-erfordernis-einer-charismatischen-kul-turellen-erneuerung

GRIN - Your knowledge has value

Der GRIN Verlag publiziert seit 1998 wissenschaftliche Arbeiten von Studenten, Hochschullehrern und anderen Akademikern als eBook und gedrucktes Buch. Die Verlagswebsite www.grin.com ist die ideale Plattform zur Veröffentlichung von Hausarbeiten, Abschlussarbeiten, wissenschaftlichen Aufsätzen, Dissertationen und Fachbüchern.

Besuchen Sie uns im Internet:

http://www.grin.com/

http://www.facebook.com/grincom

http://www.twitter.com/grin_com

Transcultural Management

Gebhard Deißler D.E.A./UNIV. PARIS I

Charismatische kulturelle Erneuerung

CULTURE RESEARCH

KULTUR FORSCHUNG

RECHERCHE CULTURE

BÚSQUEDA CULTURAL

RICERCA CULTURALE

跨文化的智慧精髓

Итранскультурная

Interkulturelles - u. transkulturelles Management

Intercultural &Transcultural Management (English)

Gestion Interculturelle et Gestion Transculturelle (French)

Gerencia Intercultural y Gerencia Transcultural (Spanish)

Gerência Intercultural e Gerência Transcultural (Portuguese)

跨文化的智慧精髓 - kua wen hua de zhi hui jing sui (Chinese)

транскультурная компетенция - transkulturnaja
kompetencija (Russian)

toransukaruchā　・　manējimento (Japanese)
トランスカルチャー　・　マネジメント

Vishua Chaytana (Sanskrit)

ZAKAA AL-TA'ALOF AL-THAQAFEE (Arabic)

Charismatische kulturelle Erneuerung

Ich möchte den Begriff Charisma in seiner ursprünglichen Bedeutung als Gabe verwenden und somit den Begriff der Kultur, ebenso wie das persönliche Charisma, im Sinne persönlicher Anlagen und Fähigkeiten, als eine zusätzliche Gabe bezeichnen, die dem Menschen a priori, aufgrund seiner kulturellen Zugehörigkeit von Geburt an gegeben ist. Jede Gabe ist, wie wir es in Deutsch mit einem eingängigen Wortspiel formulieren können, auch eine Aufgabe. Somit ist das vom Menschen aufgrund seiner kulturellen Zugehörigkeit, zusammen mit seinen weiteren psychologischen Ausstattung kognitiver, künstlerischer und anderer Natur erworbene Profil ebenso eine Gabe, wie eine Aufgabe. Basierend auf dem Gleichnis des anvertrauten Geldes kann man tiefere Erkenntnis über charismatische Gaben gewinnen. Diese überzeitliche Weisheit ist gleichermaßen eine universelle Gnadengabe für die Menschheit, die sie für ihre Entscheidungen und Handlungen nutzen kann und soll; gleichwohl für das Individuum.

Das Gleichnis vom anvertrauten Geld

Es ist wie mit einem Mann, der auf Reisen ging: Er rief seine Diener und vertraute ihnen sein Vermögen an.

Mt 25,15 Dem einen gab er fünf Talente Silbergeld, einem anderen zwei, wieder einem anderen eines, jedem nach seinen Fähigkeiten. Dann reiste er ab. Sofort

Mt 25,16 begann der Diener, der fünf Talente erhalten hatte, mit ihnen zu wirtschaften, und er gewann noch fünf dazu.

Mt 25,17 Ebenso gewann der, der zwei erhalten hatte, noch zwei dazu.

Mt 25,18 Der aber, der das eine Talent erhalten hatte, ging und grub ein Loch in die Erde und versteckte das Geld seines Herrn.

Mt 25,19 Nach langer Zeit kehrte der Herr zurück, um von den Dienern Rechenschaft zu verlangen.

Mt 25,20 Da kam der, der die fünf Talente erhalten hatte, brachte fünf weitere und sagte: Herr, fünf Talente hast du mir gegeben; sieh her, ich habe noch fünf dazugewonnen.

Mt 25,21 Sein Herr sagte zu ihm: Sehr gut, du bist ein tüchtiger und treuer Diener. Du bist im Kleinen ein treuer Verwalter gewesen, ich will dir eine große Aufgabe übertragen. Komm, nimm teil an der Freude deines Herrn!

Mt 25,22 Dann kam der Diener, der zwei Talente erhalten hatte, und sagte: Herr, du hast mir zwei Talente gegeben; sieh her, ich habe noch zwei dazugewonnen.

Mt 25,23 Sein Herr sagte zu ihm: Sehr gut, du bist ein tüchtiger und treuer Diener. Du bist im Kleinen ein treuer Verwalter gewesen, ich will dir eine große Aufgabe übertragen. Komm, nimm teil an der Freude deines Herrn!

Mt 25,24 Zuletzt kam auch der Diener, der das eine Talent erhalten hatte, und sagte: Herr, ich wusste, dass du ein strenger Mann bist; du erntest, wo du nicht gesät hast, und sammelst, wo du nicht ausgestreut hast;

Mt 25,25 weil ich Angst hatte, habe ich dein Geld in der Erde versteckt. Hier hast du es wieder.

Mt 25,26 Sein Herr antwortete ihm: Du bist ein schlechter und fauler Diener! Du hast doch gewusst, dass ich ernte, wo ich nicht gesät habe, und sammle, wo ich nicht ausgestreut habe.

Mt 25,27 Hättest du mein Geld wenigstens auf die Bank gebracht, dann hätte ich es bei meiner Rückkehr mit Zinsen zurückerhalten.

Mt 25,28 Darum nehmt ihm das Talent weg und gebt es dem, der die zehn Talente hat!

Mt 25,29 Denn wer hat, dem wird gegeben, und er wird im Überfluss haben; wer aber nicht hat, dem wird auch noch weggenommen, was er hat.

Mt 25,30 Werft den nichtsnutzigen Diener hinaus in die äußerste Finsternis! Dort wird er heulen und mit den Zähnen knirschen.

Quelle: http://www.uibk.ac.at/theol/leseraum/bibel/mt25.html

Das Wesentliche bei der Anwendung dieses Gleichnisses auf die hier thematisierten Belange ist, dass wir über unser soziokulturell bedingtes Charisma, ebenso wie über das singulär individuelle Charisma, Rechenschaft ablegen müssen. Wie haben wir es verwaltet? Es ist die Bemessungsgrundlange für den Wert des Menschen im christlichen Sinne.

Man geht davon aus, dass der Menschen im Wissenszeitalter mit seinen ihm gegebenen Gaben im Wege der Bildung, Aus- und Weiterbildung das Beste aus sich macht und machen muss, um im wissensintensiven Zeitalter optimal bestehen zu können. Wie im Gleichnis wird ihm die Veredelung seiner Talente und dem Wirtschaften damit im Berufsleben Gewinn bringen. Ein solcher Mensch wäre ein guter Verwalter seiner Gaben.

Nun erhebt sich die Frage, wie man angemessen mit seinen kulturellen Gaben umgeht, sodass der Verwalter unserer Gaben insgesamt, wenn er diesbezüglich auch Rechenschaft von uns fordert, ein gutes Urteil über uns und alle Individuen und Kulturen fällen kann, denn alle Individuen besitzen eine individuelle und alle Kulturen insgesamt eine Gruppenkultur. Der Mensch muss also in doppelter Hinsicht Rechenschaft über seine kulturellen Gaben ablegen, auf individueller Ebene und auf kollektiver Ebene. Aus der folgenden Passage des Matthaus Evangeliums kann man entnehmen, dass auch Völker insgesamt Rechenschaft ablegen müssen. Die Menschen sind also zusätzlich zu ihrer allgemeinen Rechenschaftspflichtigkeit im Hinblick auf ihre Gaben individualkulturell und gesellschaftskulturell rechenschaftspflichtig.

Vom Weltgericht

Mt 25,31	Wenn der Menschensohn in seiner Herrlichkeit kommt und alle Engel mit ihm, dann wird er sich auf den Thron seiner Herrlichkeit setzen.
Mt 25,32	Und alle Völker werden vor ihm zusammengerufen werden und er wird sie voneinander scheiden, wie der Hirt die Schafe von den Böcken scheidet.

Quelle: http://www.uibk.ac.at/theol/leseraum/bibel/mt25.html

Die Kultur und der Umgang mit ihr werden somit als Teil der menschlichen Rechenschaftspflichtigkeit Teil der ethischen Dimension des Menschen und der Völker und werfen die Frage nach einer kulturellen Ethik auf.

Das kulturelle menschliche Wesen geniest somit denselben Schutz, Achtung und Respekt, wie der Mensch im allgemeinen. Die Kultur ist untrennbar von seinem Wesen und muss zusammen mit diesem respektiert werden. Das heißt, die kulturelle Würde des Menschen ist ebenso unantastbar, wie die Würde des Menschen im allgemeinen und dass sowohl die eigenkulturelle Würde, als auch die fremdkulturelle Würde und deren Integrität unter allen Umständen gewahrt werden müssen. Vergräbt oder verschleudert man sie, so wird man dafür zur Rechenschaft gezogen, weil man unangemessen, das heißt unethisch damit umgegangen ist. Wird der fremdkulturelle Respekt nicht honoriert, und die Besitzer fremdkultureller Gaben dadurch in diverser Weise kompromittiert, so wird man ethisch gleichermaßen schuldig, sei es als Individuum, wenn es auf interindividueller Ebene oder als Gesellschaft, wenn es auf intergruppen Ebene stattfindet. Andere Relationen, wie die zwischen Individuen und Gruppen und Gruppen und Individuen können nach demselben ethischen Maßstab beurteilt werden.

Vom christlichen Standpunkt, den wir oben angesprochen haben, ist die kulturelle Ethik auf das Gebot der Selbst- und Nächstenliebe rückführbar. Die höchste kulturelle Ethik ist also in der Selbst- und Nächstenliebe inbegriffen. In der Tat besteht, über alle rational basierten interkulturelle Konzepte, Theorien und Techniken hinaus, nur darin die Gewähr für wahrhaft nachhaltige interkulturelle Beziehungen und Kooperation.

Wenn Kultur jedoch als etwas von der Ethik und Würde des Menschen Getrenntes betrachtet wird, so wird sie zum Zankapfel und Stein des Anstoßes. Es ist also wichtig, zum Kulturverständnis als Charisma zurückzukehren, um sie in den Anspruch auf Respekt und Würde, ja selbst der Logik des Altruismus - eine konkretere Form der Liebe - einzubetten.

Viele kulturelle Probleme stammen daher, dass das Kulturelle nicht als Charisma, zusammen mit allen andere schützenswerten Charismen des Menschen betrachtet und daher tendenziell als etwas die Menschen Entzweiendes konstruiert wird. Das rechte Kulturverständnis ist somit der eigentliche Schlüssel zu wahrhaft nachhaltiger interkultureller Kommunikation und dem Management menschlicher kultureller Diversität. Oft hört die Nächstenliebe, ja lebt der demokratisch-pluralistische Respekt vor der singulär diversen kulturellen Identität des Mitmenschen auf. Die kulturelle Diversität wird als Antagonismus gelesen und die eigene Kultur als Waffe zur Beherrschung fremdkultureller Formen des Seins missbraucht, obschon sie naturgemäß ein Geschenk im Dienste zwischenmenschlicher Harmonisierung ist; ein potentielles Gnadengeschenk des Friedens. Diese idio- und ethnozentrische Tendenz setzt die eigene Kultur als absolut und als universelle Benchmark für korrekte Werte, Einstellungs- und Verhaltensmuster. Dieses Sebstbezugskriterium in der Gestalt von Ethnozentrismus und Parochialismus ist ethisch gesprochen ein Mangel an Altruismus, der nur die eigenen Talente anerkennt und sie auf Kosten fremder Talente mehren möchte. Den fremden Talenten wird kein Raum gegeben und somit dem gesamten Charisma des Menschen nicht.

Dieser Prozess findet inter- wie intrakulturell statt und begründet intergruppen und interpersonalen Konflikt, der nur im Wege der Einbettung der kulturellen Dimension in das ethische Verständnis des Menschen vom Menschen im allgemeinen gelöst werden kann. Wenn die Kultur als Charisma, gleich allen menschlichen Charismen, die durch ihre Entstehung mit der Geburt und vermittels der primären, sekundären und tertiären Sozialisierung uneingeschränkte Legitimation besitzt, die relativ unabhängig von persönlichen Wünschen und Agenden ist, gelesen wird, so kann sie objektiver, d. h. als das, was sie wirklich ist, nämlich eine zu respektierende Gabe und Aufgabe betrachtet werden.

Es wird bereits deutlich, dass man sich in dem Maße vom Kampf der Kulturen entfernt, wie man lernt, alles Kulturelle als Gabe und somit als eine Aufgabe des ethischen Managements desselben zu betrachten. Vielleicht liegt in dieser Umformulierung und neuen Verbegrifflichung des Kulturellen eine Möglichkeit ihres besseren Managements. Sie wird somit von einer rationalen, technischen Angelegenheit, die gleich anderen Produktionsfaktoren im globalen Managementkontext zu behandeln ist, in den Bereich der Ethik und des Altruismus emporgehoben, wo sie besser aufgehoben ist, weil sie dort als freier von ihren Antagonismen in Erscheinung tritt. Zumindest ist diese Vorgehensweise eine komplementäre Kulturerkenntnis zur rational analytischen und kann die Ausschließlichkeit und Unüberbrückbarkeit mancher kultureller Konditionierung in ein integrativeres Licht rücken. Häufig können Probleme, wie Einstein bereits feststellte, nicht in der bestehenden Formulierung gelöst werden und bedürfen einer Umformulierung um eine Lösung zu erfahren. Eben das haben wir unternommen. Wir haben das rationale Kulturverständnis charismatisch umformuliert und es somit managebarer gemacht. Es gibt darüber hinaus weitere Möglichkeiten der erkenntnisseitigen Transformation des Kulturverständnisses, etwa als Bewusstseinsphänomen, die dann jeweils neue Kulturerkenntis mit ihren jeweils spezifischen Vorzügen bereitstellen.

Wenn der Mensch oder die Gesellschaft ihre kulturellen Talente vergraben, das heißt, wenn sie sie sie nicht entwickeln und humanisieren, beziehungsweise kultureller Hybris huldigen, so missmanagen sie ihre kulturelles Charisma. Dieses Missmanagement des kulturellen Charismas als Gnadengabe und besondere Aufgabe ist gewöhnlich extremistischen Entgleisungen in der Innen-, wie auch der internationalen Politik vorgelagert.

Über die sozialpsychologische Formulierung der Kultur hinaus, kann man Kultur also in der Gestalt einer kulturellen Ethik formulieren. Und desweiteren kann man sie juristisch formulieren, da sie als Charisma und Gabe einen zentralen Wert verkörpert, der als geistiger Wert dem Recht auf Schutz des geistigen Eigentums unterworfen ist. Mit der stets wachsenden Brisanz der Kultur und der

Verwissenschaftlichung der Gesellschaftskultur im Zuge der Globalisierung könnte man davon ausgehen, dass ein regelrechtes Kulturrecht entwickelt werden könnte und vielleicht sollte, das dem noch vagen Begriff mit seinen enormen Implikationen für menschliche Strukturen und Funktionen Profilschärfe und eine gewisse Rechtssicherheit verleiht und somit zur kulturellen Konsolidierung der Identität der Individuen und Gesellschaften beiträgt. Sie ist integraler Bestandteil fundamentaler Persönlichkeitsrechte und des Rechtes der Institutionen und Organisationen und somit Teil des internationalen privaten und öffentlichen Rechts oder Völkerrechts.

Entsteht keine allgemeines kulturelles Gleichgewicht im Wege der rationalen und charismatischen Kulturekenntnis, so führt das zu individuellen und kollektiven innen- und außenpolitischen Fehlleistungen, wie wir sie derzeit in der Gestalt eines weiteren Nahostkonfliktes beobachten können, in denen die Akteure die eigenen und fremden kulturellen Gaben nicht als ethisch zu verwaltende Aufgaben wahrnehmen und somit keine friedliche kulturelle und damit politische Koexistenz verwirklichen können.

Ich habe bereits früher einen kleinen Text mit einer ironisch-makaber anmutenden Zwergen-Metapher (siehe unten) verfasst, die verdeutlichen soll, wie der irrationale, uncharismatische und somit nichtnachhaltige Umgang mit den eigenen und fremden zu verwaltenden Charismen Probleme mit sich bringen kann. Es ist keine Herabminderung der kleineren kulturellen Akteure, wie man zunächst meinen könnte. Denn die Begriffe groß und klein, bedeutend und unbedeutend, sind aufgrund des kulturellen Relativismus in kultureller und vielleicht auch ethischer Hinsicht unangebracht. Es ist vielmehr der Umgang mit dem kulturellen Charisma, das eher kleinherzig oder großherzig, mit den entsprechenden individuellen und kollektiven, nationalen und internationalen Konsequenzen ist.

Entstehen kulturelle Probleme infolge eines nichtcharismatischen Kulturverständnisses, so sollten jene Akteure der Welt einschreiten, die gleich Senior Brothers/Sisters eine charismatische Kulturerkenntnis haben und praktizieren und im Wege der geistigen Ermahnung und des Vorbildes jene in einer charismatischeren Kulturpolitik anleiten, die noch keine besitzen, um den kulturellen und politischen Weltfrieden nicht zu unterminieren. Dies setzt voraus, dass im Bereich der supranationalen Institutionen und deren strategischen Akteure ein charismatisches Kulturbewusstsein vorherrscht. Solange es kein formales Kulturrecht gibt ist es aber schwer, eine charismatische und ethische Kulturpolitik durchzusetzen. Die bestehenden Menschenrechte und Persönlichkeitsrechte mit ihren institutionellen Zuständigkeiten können aber ein Ausgangspunkt für die Gestaltung und Formulierung eines spezifischeren Kulturrechtes werden, das somit durchsetzbarer wird und Konflikten bereits in ihrer kulturellen Entstehung einen Riegel vorschieben kann, sodass sie nicht national und international in heiße Konflikte eskalieren. Leider lehrt die Erfahrung, dass die diesbezügliche Rechtsentwicklung oft erst ex post geschieht, obschon sie durchaus auch kreativ gestalterisch und zukunftsgestalterisch die entsprechenden formal-juristischen Rahmenbedingungen im Interesse des Individuen, Organisationen und Institutionen zu schaffen vermag.

Wenn ein Zwerg die Welt aus den Angeln hebt:

Der Begriff des Zwerges findet hier eine metaphorische Verwendung und bezieht sich beispielsweise auf Individuen, Gruppen und Gesellschaften, die ihren Willen einem Ganzen, ohne Rücksicht auf diese, aufzwingen wollen, sei es in der Weltpolitik oder im sozialen und zwischenmenschlichen Bereich im allgemeinen. Nicht wenige unserer Zeitgenossen, ob Individuen, Organisationen, Kulturen, Religionen oder Nationen tragen einen solchen wilden Zwerg mit sich herum, der hin und wieder gigantische Ausmaße anzunehmen droht und die Mitmenschen erzittern lässt und sie das Fürchten lehrt. Letztendlich läuft es auf individuelle oder kollektive Prozesse eines zu aufgeblähten Egos und die Bequemlichkeit oder den Unwillen hinaus, seine Konflikte auf zivilisierte Art und Weise beizulegen. Dies erfordert jedoch eine Bewusstwerdung und Hinterfragung und somit die

Möglichkeit der Transzendierung idio- und ethnozentrischer Werte, Einstellungen unverrückbarer Glaubenssätze inbezug auf sein eigenes und fremdes Wesen und damit einhergehende Verhaltensweisen. Sich als absolut zu setzen und sich als Maßstab für den Rest der Welt zu machen sind gleichermaßen eine Frage der Bequemlichkeit und Selbstgefälligkeit, die nicht aus der Komfortzone persönlicher Kontinuität, auf zweifelhafter Basis, zum Schaden Dritter, heraustreten möchte.

Im sozialen Bereich kann es ein dergestalt disponierter Kranker oder Unmündiger sein, die das Umfeld unablässig für ihre eigene Befriedigung und Befriedung, ob Tag oder Nacht, Werktag oder Feiertag, terrorisieren und Ihre Bedürfnisse und Mängel durch andere kompensiert haben wollen, sodass diese nicht mehr ihren gesundheitlichen und beruflichen Erfordernissen entsprechen können. Verursacher, die jeder Nachbar, Kollege oder Mitmensch im allgemeinen sein können, benutzen andere für ihre Zwecke, häufig rechtlich, ethisch und disziplinarisch unerreichbar, weil man mit soviel Negativität nicht umzugehen weiß und eine gewisse Scham empfindet, vor allem, wenn es sich um äußerlich vermeintlich Schwächere, wie Behinderte, Ausländer oder Minderjährige, Ältere oder Frauen handelt. Mobbing, antisoziale Verhaltensweisen oder mangelnde persönliche Kultivierung, die sich durch antisoziales Verhalten äußern, sind etablierte Vokabeln für die Bezeichnung dieser relationalen Symptomatik.

Im institutionellen Bereich können Lehrer, Polizisten, Beamte, ja selbst Kleriker, wie man nun weiß, sogar ihre äußerliche berufliche Autorität missbrauchen, um Mitmenschen durch ihre Identifikation mit ihrer Institution oder Organisation, die aus Ihrer Zwergenhaftigkeit vermeintliche Riesen macht, zu beherrschen und psychisch oder physisch zu missbrauchen. Es ist eine moderne Form eines uralten Syndroms, nämlich die eines Neokannibalismus und Sadismus, der sogar große Genugtuung und Lust aus der Zufügung von Leid bezieht. Ebenso kann vorsätzliche Unterlassung der Behebung von Missständen aus eigener Bequemlichkeit oder Selbstherrlichkeit zu Zuständen führen, in denen Formen der Störung von

Befindlichkeiten bis hin zum Terror aufrechterhalten werden. Wenn die Polizei zum Beispiel vorsätzlich nicht einschreitet, wenn Menschen Beeinträchtigungen und Bedrohungen ausgesetzt sind, wie es nun häufiger geschieht, weil sie mit dem vermeintlich Stärkeren sympathisiert, dann mehren sie lediglich ihre Lust durch die Identifikation mit dem Stärkeren zulasten des als Schwächer wahrgenommenen. Dies ist vor allem der Fall in maskulineren Kulturen, wie der Deutschen, die die allgeneine kulturelle Tendenz des Sympathisierens mit dem Stärkeren aufweisen, der ein Betrieb oder andere Organisation sein kann, wie beispielsweise eine Diskothek, die weder Nacht- noch Sonntagsruhe zu Lasten zahlreicher Menschen respektieren braucht. Der grundgesetzlich verankerte Sonntagsschutz unserer Kultur wird, wie das Talent im Gleichnis, ersatzlos vergraben.

Im kulturellen Bereich gib es Kleinstaaten und auch größere, die im Laufe ihrer Geschichte selbst häufig der Bedrängnis durch Mächtigere ausgesetzt waren, sich dasselbe Verhaltensmuster angeeignet haben und ihre Selbstbehauptung überkompensierend andere durch ihr megalomanisches kulturelles Zwergentum beherrschen und ihre Seins und Wesensart, ihre kulturellen Normen und Präferenzen aufzwingen wollen.

Im geopolitischen Bereich ist das aufgrund der Eskalationsgefahr der megalomanischen Zwergensymptomatik weltgeschichtlich und in globaler Hinsicht viel gravierender, da die megalomanische Zwergensymptomatik den gesamten sozialen Körper der Weltgemeinschaft in Mitleidenschaft ziehen kann.

Vielleicht sind die Prozesse des physischen und des sozialen Organismus dieselben, auf mehr oder weniger physischer oder geistiger und sozialer Ebene. Pathologien, die in einer Zelle beginnen, können den gesamten Organismus infestieren, wenn sie nicht erkannt und ihr biologischer Beherrschungsanspruch des gesamten Organismus gebremst wird. Im biologischen oder sozialen Organismus ist es daher gleichermaßen erforderlich, dass das betreffende individuelle oder soziale Wesen sich seiner ganzheitlichen Wesenhaftigkeit bewusst wird, um den destruktiven Angreifer, der das Wohl des Gesamtorganismus gefährdet, zu neutralisieren.

Auch mächtige strategische Akteure können an der Zwergenmegalomanie leiden, wenn sie sich gegen die Welt-, die Schöpfung oder Gott auflehnen und ihren Willen aufoktroyieren möchten. Selbst das Böse per se kann in Schöpfungshinsicht als ein megalomanischer destruktiver Zwerg inbezug auf die Schöpfung und ihre Wesen - das Gute des Ganzen, da die Schöpfung von ihrem Schöpfer als gut bezeichnet wurde („und er sah, dass es gut war") - betrachtet werden. Die megalomanische Zwergenlogik hat eher mit geistigen, als mit physischen Kategorein zu tun, obschon die Begrenztheit der physischen Machtmittel zu megalomanischer Überkompensierung anspornen kann.

Jeder und jede, die sich selbst erhöhen möchten, insbesondere, in dem sie andere zu erniedrigen und zu behindern oder in ihrer Befindlichkeit zu ihrem vermeintlichen Vorteil beeinträchtigen wollen, leiden an dem magalomanischen Zwergensyndrom, gleich wie grandios sie sind, denn sie möchten sich noch mehr Größe und Bedeutung geben; ihre reicht ihnen nicht und sie möchten in der Regel ihre wahrgenommenen Defizite und die damit einhergehenden Wünsche durch andere erfüllen.

Was passiert nun, wenn zwei Zwerge unter Megalomanie leiden und sich gegenseitig aufgrund ihrer Vermessenheit anfeinden. Die Voraussetzung für eine Eskalation ist in größerem Maße gegeben, da keiner von der Vernunft, sondern nur durch seine überzogenen Ansprüche und deren Befriedigung geleitet ist. Das ist häufig in der Politik der Fall. Ob wir an das Deutschland mit seinen überzogenen rassisch-territorialen Ansprüchen, die nur eine anders legitimierte Variante des Prestigedenkens und des zivilisierenden Sendungsbewusstseins der Grande Nation oder der britischen Kolonialmentalitätsvariante mit ihren Weltmachtansprüchen betrachten, überall ist eine megalomanische Zwergenlogik im Spiel, die den sozialen Organismus der Menschheit in Mitleidenschaft zieht, wenn sie nicht erkannt und bewältigt werden kann.

Hierbei handelte es sich geschichtlich um europäische Mächte ähnlicher Kultur und derselben abendländischen, christlichen Zivilisation. Das heißt, dass das besagte Syndrom keine gemeinsame fundamentalste Grundwerte respektiert und berücksichtigt, die den Frieden unter den megalomanischen Zwergen wieder herstellen könnten, sondern dass die Symptomatik rein gar nichts, außer ihre eigene Gier kennt und diese um jeden Preis durchsetzen möchte.

Es hat den Anschein eines irrationalen Prozesses, der rational nicht eindämmbar und zügelbar zu sein scheint. Die Artefakte der Rationalität werden lediglich von der irrational-idiozentrischen megalomanischen Zwergenlogik instrumentalisiert. Die Symptomatik ist deshalb von historischer Bedeutung, weil sie menschliche Vernunft ausschaltet und überflügelt. Und doch dachte der Mensch, das vernunftbegabte Wesen, dass diese Fähigkeit der Vernunft ihn zur Krone der Schöpfung machen würde. Doch seine Irrationalität ist in der Lage, ihm aufgrund der identifizierten irrationalen Dynamik diese Krone zu verspotten und ihn dieser vermeintlichen Zier zu berauben.

Nun, was geschieht in einer Welt mit Milliarden megalomanischer Zwerge, aberhunderten von potentiell megalomanischen, aber vor der Unendlichkeit der Zeit und der Schöpfung, sowie der Ewigkeit, äußerst insignifikanten Kulturen? Nun, die Welt wird balkanisiert und atomisiert werden, weniger im thermonuklearen Feuer des durch die megalomanischen Zwerge unwirksam gewordene Gleichgewicht des Schreckens, als vielmehr durch die Erstickung der geistigen Flamme der Vernunft durch einen unkontrollierbaren Flächenbrand infolge der zwergenmegalomanischen Symptomatik, die den kollektiven Organismus der Menschheit befallen kann.

Da diese Logik so alt wie der Mensch ist kann man sie in die Zukunft extrapolieren, es sei denn die Flamme des Geistes und der Vernunft – des heiligen Feuers – bekommt eine Chance, die fragmentierte Welt zu erwärmen und insbesondere die strategischen Akteure zu erleuchten. Die Frage, wie das geschehen kann, erfordert eine getrennte Erörterung in einen weiteren Schritt. Zunächst ist die Erkenntnis und Beschreibung des Syndroms in seinen diversen Facetten vonnöten.

Übertragen wir die analytische Metapher auf die Geopolitik unserer Tage. Aufgrund der geistig-körperlichen Analogie könnte man davon ausgehen, dass der Besitzer eines physischen Körpers für die Gesundheit seines Körpers verantwortlich ist und daher eine potentielle Gefährdung durch einen pathologischen Zwerg, der den Gesamtorganismus schädigen kann, beseitigen muss. Ebenso könnte man im übertragenen Sinne davon ausgehen, dass die Weltgemeinschaft der Völker, Kulturen und Nationen rechenschaftspflichtig für den kollektiven Organismus der Menschheit ist und somit Gefahren, die von einem Akteur oder einzelnen Akteuren und ihrem Verhalten für die Menschheit ausgehen, eingrenzen und beseitigen muss. Dies fordert die Rechenschaftspflichtigkeit der Akteure in beiden Bereichen gleichermaßen.

Die supranationalen Institutionen, die sich die Gemeinschaft der Völker unter dem Impact der weltweiten Verwüstungen durch die älteren und mächtigeren ihrer Zwerge - die vor allem durch den philosophischen Rationalismus brillierten, der aber, wie schon bemerkt, vor der Übermacht der irrationalen megalomanischen Zwergendynamik kapituliert - nach dem zweiten Weltkrieg gegeben hat, sind aber immer noch nicht in der Lage, die hier identifizierte, in eine Metapher gekleidete Dynamik zu beherrschen. Sie müssen zusehen, wie die Zwerge, wie eh und je ihr Unheil in der Menschheit anrichten. Die Mitglieder der Institutionen sind gleichermaßen häufig nur Wasserträger der zwerghaften Akteure, die Flächenbrände auslösen und den Organismus der Menschheit in Mitleidenschaft ziehen können.

Indes, die Menschheit unter der Ägide ihrer supranationalen Akteure hat Rechenschaftspflichtigkeit für den gesamten sozialen Organismus der Menschheit. Blockaden in diesem Organismus, die auf die Zwergendynamik einiger ihrer Mitglieder zurückgehen, dürfen nicht als Vollendung des demokratischen Prinzips, sondern müssen in ihrer Zwergenkomplizenschaft erkannt und als eine Eskalation der metaphorischen Dynamik betrachtet und gleichermaßen eingedämmt werden. Doch dies erfordert ein charismatischeres, ethischeres und rechtlich möglichst formalisiertes, rechenschaftspflichtiges Kulturbewusstsein, das, so könnte man mit George Bernanos in einem seiner Werke sagen, wie alles, letztendlich Gnade ist.

ALLES IST GNADE

(George Bernanos, fr. Schriftsteller in einem seiner Werke)

Ein charismatischer Wertewandel, der die gesamte Existenz als Gnadengabe erkennt, hätte einen nachhaltigen Impact im Hinblick auf die zentralen Fragen der nationalen und internationalen zwischenmenschlichen Beziehungsordnung, sowie der zur Schöpfung und dem Leben in seinen vielfältigen Erscheinungsformen, wie auch dem Schöpfer all dessen. Ein derartig fundamentaler Wertewandel erzeugt eine Einstellung der Dankbarkeit für alles Seiende und bewirkt ein Gefühl der Rechenschaftspflichtigkeit, die der Mensch als seine Bringschuld für die verdienstlose Gewährung der Gabe des Lebens in seiner Vielfalt erkennt. Diesem Wandel von der Gier zur Dankbarkeit folgt eine Einstellung der Rechenschaftspflichtigkeit, die altruistischere Verhaltensmuster erzeugt. Diese Wende um 180° der fundamentalen menschlichen Annahmen im Hinblick auf das Leben insgesamt würde eine Kehrtwende des in vielen Bereichen unaufhaltsam destruktiv erscheinenden Kurses der Menschheit mit sich bringen und viele unlösbare und Gefahrenszenarien der Vernichtung der Schöpfung durch den Menschen durch eine Neuausrichtung des geistig-kulturellen Kompasses des Menschen nachhaltig lösen.